SYNDICAT GÉNÉRAL DE LA MARINE

(NAVIGATION INTÉRIEURE)

13, Quai Saint-Michel, Paris

ACCIDENTS DU TRAVAIL

NOTE COMPLÉMENTAIRE

POUR LA COMMISSION D'ASSURANCE ET DE PRÉVOYANCE SOCIALES

DE LA CHAMBRE DES DÉPUTÉS

CAHORS

IMPRIMERIE G. ROUGIER

4, RUE FRÉDÉRIC SUISSE, 4

1912

SYNDICAT GÉNÉRAL DE LA MARINE

(NAVIGATION INTÉRIEURE)

13, Quai Saint-Michel, Paris

ACCIDENTS DU TRAVAIL

NOTE COMPLÉMENTAIRE

FOUR LA COMMISSION D'ASSURANCE ET DE PRÉVOYANCE SOCIALES

DE LA CHAMBRE DES DÉPUTÉS

CAHORS
IMPRIMERIE G. ROUGIER
4, RUE FRÉDÉRIC SUISSE, 4

1912

SYNDICAT GÉNÉRAL DE LA MARINE
(Navigation Intérieure)

ACCIDENTS DU TRAVAIL

NOTE COMPLÉMENTAIRE

POUR LA COMMISSION D'ASSURANCE ET DE PRÉVOYANCE SOCIALES
DE LA CHAMBRE DES DÉPUTÉS

I

LISTE DE CLINIQUES D'ACCIDENTS DU TRAVAIL

Leur nombre augmente d'une année à l'autre. Aussi n'avons-nous pas la préten-
tion d'en donner une liste complète, ni définitive, puisque ce qui est exact aujourd'hui,
peut ne plus l'être demain.

Nous pouvons toutefois, parmi ces établissements citer les suivants, rien qu'à
Paris :

Docteurs TABARY, 18, boulevard Garibaldi.
— Paul PRIEUR, 23, rue de la Huchette.
— Gaston PRIEUR, 31, boulevard Garibaldi.
— do 145, avenue de Suffren.
— do 118, boulevard de la Gare.
— BELAYGUE, 5, place Félix-Faure.
— THIELLEMENT, 3, quai de Seine.
— PEGAUD, 23 bis, avenue d'Italie.
— MORISSON, 3, place de la Chambaudie.
— SINEAU, 12, rue Saint-Bernard.
— PAOLI, { 2, rue Saint-Bernard.
— MONNIER, { 67, rue Pouchet.
— BOUFFARD, 67, boulevard de la Villette.

Docteurs MARTIN, 12, rue Lagarde.
— GIRON, 69, rue de Turenne.
— JACOBS, 87, avenue Félix-Faure.
— PEYRONNET, 50, rue Buzenval.
— DESERY, 25, rue Gramme.
— CARLET, 228, rue de Belleville.
— PESTE, 67, rue du Commerce.
— BELGRAND, 15, rue du Petit-Pont.
— COMBAULT, 2, boulevard Rochechouart.
— REGNIER, 18, rue Demarquay.
— LERAY, 54, rue Secrétan.
— LEHMANN, 14, rue N.-D. de Nazareth.
— GIRAUDON, 84, rue de l'Aqueduc.
— THEBAULT, 4, rue de la Folie-Méricourt.
— LAGELOUSE, 102, rue de Charonne.
— TSAKIRIS, 144, rue de Flandre.
— GESLAND, 136, rue Damrémont.
— BOYER, 112, rue Damrémont.
       etc...

II

PROCÉDÉS DE RACOLAGE DES BLESSÉS

L'accroissement continu du nombre des cliniques ouvrières, à Paris et en banlieue, est un signe manifeste de la prospérité de ce nouveau genre d'industrie. Pour s'attirer la clientèle des blessés du travail, certains tenanciers de cliniques ont tout d'abord usé de procédés jusqu'alors à peu près inconnus en médecine : affiches, cartes distribuées aux ouvriers, boutiques aux couleurs extravagantes et aux inscriptions aussi variées qu'engageantes, bref aucun des agissements de la réclame la plus vulgaire n'a été négligé. Comme chacun peut d'ailleurs s'en rendre compte, la description contenue dans le rapport de M. le docteur Pelisse au Syndicat médical de Paris (1er mai 1911) et dont nous avons donné connaissance à la Commission, est d'une rigoureuse exactitude. Nous n'avons donc rien avancé sur ce point devant la Commission qui ne fût de notoriété publique. Toutefois, pour que le moindre doute ne puisse subsister dans l'esprit d'aucun membre de la Commission, nous avons l'honneur de joindre à la présente note, comme preuves à l'appui de notre déposition, une affiche de clinique ouvrière (pièce N° 1) et une double photographie d'un de ces établissements (pièce N° 2).

On pourrait objecter que ces procédés, pour regrettables qu'ils soient au point de vue de la profession médicale, ne sont pourtant pas répréhensibles en fait. Mais il y a mieux, et beaucoup de cliniques du travail usent de moyens plus efficaces et d'une correction douteuse pour capter la clientèle des sinistrés ; à cet effet, elles ont organisé un véritable système de racolage et de rabattage alimenté par des allocations pécuniaires. Le rapport de M. le docteur Pelisse, cité par nous (1), est tout à fait édifiant à cet égard.

Ces faits sont connus de tous les industriels de la région parisienne ; à la Caisse Nationale d'Assurances en cas d'accidents, on nous a affirmé que certains médecins de cliniques de travail ne se contentent pas de rétribuer des rabatteurs, de remettre à l'ouvrier qui vient se faire soigner chez eux une allocation de 5 francs ou de 6 francs la première fois et ensuite une somme journalière de 0 fr. 50 ou de 1 franc, mais qu'ils portent cette allocation jusqu'à 2 fr. par jour. La source de nos renseignements paraîtra sans doute à la Commission suffisamment officielle, pour qu'elle tienne à les vérifier.

Enfin, sur ce point aussi, conformément au désir que plusieurs membres de la Commission nous ont manifesté et indépendamment de la faculté de contrôle ci-dessus, nous apportons la preuve de nos dires, en remettant à la Commission la photographie (pièce N° 3) d'un certificat établi en entier et signé de la main d'un ouvrier blessé qui a été précédemment soigné dans une clinique d'accidents du travail.

Il n'est donc pas étonnant que plusieurs syndicats de médecins qui n'avaient à considérer que le point de vue strictement professionnel, se soient énergiquement prononcés contre de pareils abus. Le Syndicat médical de Paris a voté la résolution suivante, comme conclusion du rapport de M. le Docteur Pelisse :

« Le racolage des accidents du travail et à plus forte raison le détournement de « clientèle, sont des procédés blâmables. Ils sont incompatibles avec la dignité « médicale et constituent un acte anticonfraternel.

« Les médecins qui le pratiqueraient se mettraient eux-mêmes hors des relations « professionnelles.

« Sont considérés comme racolage et détournement de clientèle, le fait d'attirer « les accidentés ou les clients par l'appât d'une rémunération directe ou par intermé- « diaire, ou par toute autre promesse. »

Le même Syndicat a ensuite adopté le vœu « que tout médecin convaincu de « racolage soit exclu de nos Sociétés professionnelles. »

De son côté, la Société médicale du XVe arrondissement, s'est montrée plus énergique encore, en adoptant à l'unanimité, le 17 octobre 1910, l'ordre du jour suivant :

« La Société médicale du XVe arrondissement émet le vœu que des dispositions

(1) Voir renvoi, page 12 du rapport du Syndicat de la Marine.

« pénales soient ajoutées à la loi de 1898 pour réprimer le racolage des blessés, qui
« constitue *une entrave au libre choix du médecin pour les victimes du travail.* »

En nous plaçant à ce même point de vue, nous ne pouvons que nous joindre à ce
dernier groupement médical pour demander à la Commission que le vœu ci-dessus
soit pris en considération par elle d'abord et par le Parlement ensuite.

Il y va de l'intérêt de l'ouvrier, aussi bien que de celui du patron qui, ainsi que
nous l'avons déclaré à la Commission, subit une véritable spoliation du fait des abus
et des déformations résultant de l'application de la loi sur les accidents. Il ne faut pas
perdre de vue, en effet, que ce sont les chefs d'entreprises qui supportent finalement
non seulement les frais de réclame, mais aussi ceux des allocations que les médecins
de cliniques octroient si généreusement à leurs rabatteurs et à leurs clients.

III

JURISPRUDENCE

Dans notre rapport et dans notre déposition devant la Commission, nous avons
insisté sur l'importance capitale du rôle dévolu au médecin pour la réparation des
accidents du travail et, comme contre-partie, sur la nécessité impérieuse, pour le
législateur, d'exiger de cet arbitre une intégrité absolue et une conscience profes-
sionnelle au-dessus de tout soupçon. On a vu plus haut combien certains médecins se
montrent cependant oublieux de leurs devoirs les plus élémentaires.

Or, l'examen des décisions judiciaires, au point de vue pénal et spécialement en
matière d'escroquerie à l'accident, est tout-à-fait caractéristique de la démoralisation
progressive causée dans les milieux ouvriers par des médecins stigmatisés avec justice
par l'appellation de « médecins marrons ».

Remarquons tout d'abord que, dans la première période d'application de la loi,
c'est-à-dire jusqu'à 1906-1907, la complicité de ces médecins n'apparaît pas dans l'escroquerie à l'accident.

Ce délit est perpétré néanmoins par des ouvriers peu scrupuleux, ainsi qu'en font
foi les décisions suivantes :

Un arrêt de la Cour de Douai, du 14 octobre 1900 : Société des Hauts-Fourneaux de
Maubeuge contre X . . : *simulation d'accident, faux pansement au doigt, sans l'intervention
de médecin.*

Un jugement du tribunal civil de Lille, du 24 décembre 1903 : Jonkheere poursuivi
à la requête du Ministère public pour s'être fait payer des demi-salaires pour une

prétendue blessure au pied, avait provoqué et entretenu volontairement des altérations superficielles de son pied droit, par l'apposition d'une matière emplastique.

Un jugement du tribunal correctionnel de Limoges, du 1er mars 1905 : affaire Sagne : *escroquerie, blessure envenimée, prise d'un faux nom.*

Un jugement du tribunal correctionnel du Havre, du 7 mai 1906 : Ministère public contre Ferry : *escroquerie, blessures simulées pour toucher l'indemnité temporaire.*

Un jugement du tribunal correctionnel du Havre, du 7 mars 1906, confirmé par la Cour de Rouen, le 26 mai suivant : affaire L... : *escroquerie, simulation d'accident.*

Mais, à partir de 1908, les ouvriers simulateurs ont trouvé dans les médecins marrons la complaisance et parfois la complicité indispensables à l'exécution du délit d'escroquerie.

Nous pouvons citer, à cet égard, un arrêt de la Cour de Paris, du 15 février 1908 : La Prévoyance et autres contre Clément et autres : *escroquerie, accidents simulés, médecins, certificats de complaisance, assureur.* Les ouvriers impliqués dans cette affaire jouaient alternativement le rôle de témoins et de victimes. L'escroquerie consistait dans la « simulation de blessures et de plaies et dans *la production de certificats erronés* «*qui leur étaient délivrés trop légèrement par des médecins* ».

Un jugement du tribunal correctionnel de la Seine, du 20 novembre 1909 : Affaire Grimault : *Escroquerie, entretien de blessures.*

Nous relevons dans ce jugement le considérant suivant :

« Attendu, dans ces conditions, qu'il y a lieu de retenir à la charge de Grimault
« les préventions d'escroquerie, tentative d'escroquerie, mais qu'il y a lieu de considé-
« rer, dans l'espèce, qu'il existe en sa faveur des circonstances atténuantes de ce fait
« que l'on peut considérer que *sans le concours aussi complaisant qu'intéressé des méde-
« cins qui lui ont délivré les certificats,* il n'aurait pu agir ainsi qu'il lui est reproché ».

Un jugement du tribunal correctionnel de la Seine, du 27 mai 1908 : Dr X... et Melliand : *escroquerie, accident du travail simulé, complicité, délivrance par un médecin de certificats fictifs :*

« Attendu que X... ne conteste pas avoir délivré à Melliand les deux certificats
« ayant servi à commettre des escroqueries ; qu'il s'agit uniquement de savoir s'il a
« agi de bonne foi ; que le doute sur ce point ne paraît pas possible ;

« Attendu, en effet, que X... lorsqu'il a délivré lesdits certificats, c'est-à-dire les
« 8 et 9 octobre 1907, savait que Melliand avait été déclaré guéri par deux autres
« médecins et déclaré capable de reprendre son travail ;

« Attendu, en outre, que les certificats délivrés par le docteur X... contiennent

« sur un point essentiel une contradiction qui n'existerait pas s'ils avaient été délivrés
« de bonne foi » ;
....

.   « Attendu qu'il résulte de ces faits que X... s'est rendu complice des deux escro-
« queries ci-dessus spécifiées commises par Melliand au préjudice de Lemarchand et
« de Tancrède, en lui fournissant sciemment le moyen de les commettre ;

   « Attendu enfin que le Dr X... a, les 19 et 21 octobre 1907, envoyé deux notes d'ho-
« noraires pour massages et délivrance de certificats..... et prié les destinataires de lui
« en faire parvenir le montant qu'il a effectivement reçu ;

   « Attendu que ces notes étaient entachées du même vice que les certificats dont
« en somme, elles représentaient le contenu ;......................................

   « Attendu que la mauvaise foi de X... ressort encore de la comparaison de ses
« deux notes d'honoraires ;..

   « Par ces motifs,

   « Condamne Melliand à six mois de prison, 25 fr. d'amende ;

   « X... à six mois de prison, 500 fr. d'amende et, par application de l'article 25 de
« la loi du 30 novembre 1892, le déclare suspendu pendant 5 ans de l'exercice de sa
« profession ;

   « Et, statuant sur les conclusions des parties civiles, condamne solidairement
« Melliand et X... en 500 fr. de dommages-intérêts envers chacune des parties civiles ;
« les condamne, en outre, à dix insertions ;...

   « Condamne les parties civiles aux dépens, sauf leur recours contre les parties
« condamnées. »

   Un arrêt de la Cour de Bordeaux, du 26 février 1909 : Lafontaine et Oukrat :
escroquerie, ouvrier ayant simulé un accident, complicité du médecin et du pharmacien :

   « La Cour.

   « Attendu que des pièces de l'information et des débats, il est résulté cette
« impression que Lafontaine, agissant de concert avec Oukrat, deux individus attachés
« à son cabinet, en qualité de masseurs et même certains ouvriers victimes d'accidents
« du travail, a, dans un but intéressé, prolongé la durée de l'incapacité de travail
« temporaire de ces derniers que, grâce à l'exagération voulue de leur état, il a pu
« obtenir pour lui-même le paiement de visites inutiles ou imaginaires, fait payer soit
« aux masseurs des soins qui n'avaient pas été donnés, soit à Oukrat des médicaments
« qu'il n'avait pas fournis ; qu'il prescrivait les uns et les autres avec une excessive
« prodigalité et par une complaisance coupable, permettait aux ouvriers de toucher
« pendant de longs mois des demi-salaires qui n'étaient pas dûs, causant ainsi aux
« Compagnies d'assurances et aux patrons un préjudice considérable ;

   « Attendu que les plaintes déposées par ces derniers qui ont été d'ailleurs entendus
« au cours de l'information, établissent d'une manière saisissante le trouble économique
« que ce concert frauduleux a jeté sur la place de Bordeaux, où on voit que les primes
« d'assurances ont depuis que Lafontaine et Oukrat fournissent aux ouvriers blessés
« les soins et les médicaments, progressé dans les proportions inconnues sur les autres

« places voisines. Qu'ainsi, en ce qui concerne les patrons arrimeurs, la prime
« d'assurance s'est élevée de 4 0/0 à 20 0/0, alors qu'à Pauillac, où le Dr Lafontaine
« n'opère pas, le taux de la prime est demeuré de 4 0/0 (1).

. . . .

« Attendu que les divers délits d'escroquerie ci-dessus relatés présentent une
« gravité exceptionnelle qui n'a pas échappé au tribunal, lequel a fait preuve d'une
« légitime sévérité ;

« Attendu, en effet, que le médecin traitant, bien que choisi par l'ouvrier blessé,
« ne saurait oublier qu'il remplit en quelque sorte un rôle d'arbitre entre le patron et
« son client, qu'il doit en toute conscience se prononcer sur le cas de ce dernier, sans
« se laisser aller à aucune complaisance envers lui ; qu'en manquant à ce devoir il
« porte atteinte au principe si heureusement inauguré par la législation sur les
« accidents du 9 avril 1898 et du 11 mars 1905 ; que cette législation est basée tant sur
« la bonne foi réciproque des patrons et des ouvriers que sur l'impartialité du médecin
« et que toute complaisance de la part de celui-ci a, nécessairement, pour résultat
« non-seulement de priver une famille de travailleurs du salaire d'un de ces membres,
« mais encore de faire supporter aux patrons des charges inutiles, lesquelles finalement
« se répercutent sur le corps social tout entier et enfin d'entretenir entre patrons et
« ouvriers des rancunes, des suspicions et des haines préjudiciables aux uns comme
« aux autres ;

. . . .

« Par ces motifs et ceux des premiers juges qui ne sont pas contraires et qu'elle
« adopte ;

« Confirmant en partie le jugement frappé d'appel, retient à la charge du prévenu
« Lafontaine seulement les faits Fauvel, Estève, Mazeau, Lafon, Pougetou et Labarbe
« comme constituant autant de délits d'escroquerie commis au préjudice du
« Syndicat des arrimeurs, de la société les Fils Charvet parties civiles et des
« compagnies d'assurances Le Secours et The General Accidents, le déclare coupable
« de ces faits de la prévention, comme l'ont fait avec raison les premiers juges ; les
« relaxe sur tous les autres chefs ;

« Quant aux peines corporelles, réduit à six mois la peine d'emprisonnement
« prononcée contre Lafontaine, maintient la peine de 100 fr. d'amende ;

« Réduit également à deux mois la peine d'emprisonnement prononcée contre
« Oukrat, maintient l'amende de 100 fr.;

« Dit qu'il sera sursis à l'exécution de la peine d'emprisonnement à l'égard
« de chacun des prévenus, dans les conditions de l'article 1er de la loi du 26
« mars 1891 ;

« Dit que Lafontaine sera suspendu de l'exercice de sa profession pendant six
mois.

. . . .

(1) L'augmentation énorme des primes d'assurances n'est nullement spéciale à Bordeaux. A Paris et
dans toutes les grandes villes où opèrent les médecins marrons, il en est de même et c'est contre de tels
abus que nous protestons, en demandant que le Parlement y mette fin.

Un jugement du Tribunal correctionnel de la Seine, du 24 mai 1909 : Pellerin contre Lavieille et le Dr X... : *escroquerie, médecin, faux certificats, prétendue invalidité de l'ouvrier* (traumatisme du genou gauche) :

« Attendu..

« Attendu que la mauvaise foi du prévenu est donc certaine ; qu'en produisant « des certificats médicaux qui avaient pour objet d'établir son invalidité, alors qu'il « avait recommencé à travailler depuis longtemps, Lavieille a employé, pour déter- « miner Pellerin à lui verser son indemnité de demi-salaire, des manœuvres fraudu- « leuses destinées à persuader à celui-ci l'existence d'un évènement chimérique ;

« Attendu que le Dr X... n'ignorait pas que les certificats qu'il lui délivrait ainsi « fussent destinés à permettre à Lavieille de toucher son demi-salaire ; que s'il les lui « a délivré, c'est qu'il le considérait comme non guéri et qu'il affirme avoir continué, « en fait, à lui faire des piqûres et des pointes de feu ; qu'au surplus, eu égard à la « difficulté de déterminer la date de la consolidation d'un traumatisme du genou, il « invoque sa bonne foi ;

« Mais attendu qu'il est inadmissible qu'un ouvrier atteint d'un traumatisme au « genou ait pu, sans que sa blessure se fût consolidée, se livrer à un travail aussi « pénible que celui de terrassier mineur ;..

« .... ; qu'il est d'autant plus difficile de croire à la sincérité du médecin « que si le blessé n'avait pas été guéri, son état aurait sensiblement empiré et ne lui « aurait pas permis, avec un traumatisme du genou non consolidé, de se livrer à un « travail ininterrompu pendant 30 jours ;

« Attendu..
....

« Attendu que, dans l'application de la loi sur les accidents du travail, le médecin « s'est vu attribuer un rôle singulièrement important ; que pour permettre aux tribu- « naux de déterminer la nature et la durée des incapacités de travail, le législateur « a cru pouvoir à justes titres s'en rapporter à la conscience maintes fois éprouvée du « corps médical, mais que pour répondre à la confiance qui lui est ainsi témoignée, « les médecins doivent, dans l'exercice de cette mission délicate, s'entourer de pré- « cautions d'autant plus sévères ;

« Attendu que si, malgré sa prudence, le médecin se laisse tromper ou se trompe « involontairement, son erreur peut être excusable ; mais qu'il ne saurait en être de « même quand les attestations qu'il formule sont contredites par les faits matériels « qui excluent toute possibilité d'erreur ; que de pareilles constatations ne peuvent « s'expliquer que par la fraude et qu'il en est ainsi spécialement quand, malgré la « résistance à attester, avec des certificats nombreux et répétés, conçus toujours dans « les mêmes termes, intentionnellement vagues et imprécis, l'invalidité d'un homme « qui, en fait, travaille sans interruption pendant 30 jours et qui à raison de la nature « même du traumatisme dont il a été atteint, ne pourrait se livrer à un travail régu- « lier, s'il n'était guéri ;

« Attendu que la mauvaise foi du Dr X... apparaît ainsi des circonstances de « la cause ;

« Par ces motifs,

....

« Condamne Lavieille à deux mois de prison et 25 fr. d'amende ; X... à trois
« mois de prison et à 100 fr. d'amende, dit que X... ne pourra exercer sa profession
« pendant un délai d'un an, qui courra à dater du jour où le présent jugement sera
« devenu définitif ; les condamne solidairement aux dépens........................

Un arrêt de la Cour de Paris : X...: *escroquerie, accident du travail, simulation par
l'ouvrier, médecin, délivrance du certificat, complicité non établie, acquittement.*

« La Cour,

« En ce qui concerne Lavieille, considérant que la nature même du travail parti-
« culièrement pénible dont il était chargé sur les chantiers du métropolitain, exigeant
« l'emploi de toutes les forces d'un homme valide, il n'est pas douteux pour la Cour
« que la blessure était consolidée à une époque où, cachant cet état de choses, il
« continuait à se faire payer par le sieur Pellerin, son ancien patron, une indemnité
« temporaire ;

« Qu'il n'a donc réussi à toucher cette indemnité qu'en simulant un état d'invali-
« dité qui n'existait plus à cette époque et en produisant des certificats inexacts,
« qu'il avait réussi à se faire délivrer par le Dr Sainmont ;

« Qu'ainsi, il y a bien eu de sa part des manœuvres frauduleuses, pour faire
« naître l'espérance ou la crainte d'un événement chimérique ;

« Considérant toutefois qu'en raison des circonstances particulières de la cause
« et, notamment, de sa situation de famille, il convient de lui faire une application
« plus modérée de la loi ;

« Adoptant, au surplus, les motifs des premiers juges non contraires au présent
« arrêt ;

« En ce qui concerne le Dr X...

« Considérant qu'il n'est pas suffisamment démontré qu'il y ait eu concert fraudu-
« leux entre Lavieille et lui, relativement aux certificats qu'il a délivrés à celui-ci ;

« Qu'il peut avoir été trompé lui-même par les agissements de son co-prévenu ;

« Qu'ainsi la preuve de l'intention coupable nécessaire pour justifier une préven-
« tion de complicité d'escroquerie n'est pas suffisamment rapportée ;

« Par ces motifs,

« Infirme, en ce qui concerne le Dr X... la décision frappée d'appel ; le renvoie
« en conséquence des fins de la poursuite, sans dépens ;

« Confirme le jugement rendu contre Lavieille, quant à la matérialité des faits,
« réduit toutefois la peine à un mois de prison, amende maintenue ;

« Condamne, en outre, aux dépens de première instance et d'appel, fixe au mini-
« mum la durée de la contrainte par corps. »

Un jugement du tribunal correctionnel de la Seine, rapporté en ces termes par le
journal *le Matin*, du 29 mars dernier :

« Le démolisseur Barante a été victime d'un accident du travail, à propos duquel
« un certificat médical a été délivré, mentionnant que l'incapacité de travail de l'ou-
« vrier durerait deux mois.

« Au bout d'un mois et demi, M. Barante était rétabli.

« Le démolisseur recommençait aussitôt à travailler. Mais il n'en continua pas
« moins à toucher, pendant quinze jours, le demi-salaire que lui servait une Société
« d'assurances contre les accidents du travail.

« Dans le fait d'avoir continué à toucher ce demi-salaire y a-t-il eu escroquerie?

« La onzième chambre correctionnelle, saisie de la question, vient de statuer en
« ces termes :

« .....Attendu que la manœuvre frauduleuse ne pouvait consister que dans la
« production du certificat médical, sur le vu duquel le prévenu a obtenu le versement
« des fonds ;

« Mais attendu qu'il n'est pas justifié en fait, ni même allégué que le certificat
« soit mensonger ou frauduleux, ou qu'il contienne des appréciations erronnées,
« obtenues de la complaisance du médecin ou surprise à sa bonne foi par des simula-
« tions de l'ouvrier blessé ;

« Que dès lors si on doit blâmer sévèrement la réticence du prévenu, qui n'a pas
« révélé à la Compagnie d'assurances que, contrairement aux prévisions du médecin,
« son état s'était suffisament amélioré pour lui permettre de travailler, on ne saurait
« voir dans cette réticence et dans la production d'un document, d'ailleurs régulier,
« délivré par l'homme de l'art, ayant qualité à cet effet, la manœuvre frauduleuse
« exigée en matière d'escroquerie.....................»

L'ouvrier démolisseur Barante a, en conséquence, été acquitté.

On voit par là, combien nous avons eu raison d'insister auprès de la Commission
— ce que nous faisons encore maintenant — pour que les tribunaux exercent une
action plus énergique et plus vigoureuse en vue de réprimer l'escroquerie à l'accident.
Il n'est pas admissible que des médecins qui délivrent, à la légère, sans le moindre
contrôle et souvent sans examen sérieux, des certificats d'accidents, bénéficient,
comme on l'a vu plus haut, de la mansuétude des tribunaux qui se bornent à leur
adresser un blâme, alors que, d'autre part, les ouvriers qui ont touché ainsi des
indemnités de demi-salaires auxquelles ils savent pertinemment n'avoir aucun droit,
sont excusés et acquittés, précisément pour avoir utilisé lesdits certificats. Comment
justifier notamment le jugement récent du tribunal correctionnel de la Seine? Si
désormais un ouvrier peut impunément se procurer une indemnité pour incapacité
de travail, tout en continuant à travailler, autant dire que, dans cette matière des
accidents du travail, le patron n'a plus qu'une obligation, celle de se laisser voler, en
vertu de la loi, ainsi que nous l'avons d'ailleurs formellement déclaré devant la
Commission.

L'action de la justice étant actuellement tout à fait insuffisante en la matière, il
en résulte fatalement que les industriels et les commerçants ou leurs mandataires :

.les Compagnies d'assurances, hésitent à en appeler aux tribunaux, même pour les faits de simulation et d'escroquerie les plus caractérisés. C'est là une première raison pour que les décisions de justice n'interviennent que pour une infime minorité de cas. Il y a encore à cet état de choses une autre raison non moins forte : les frais de justice sont très élevés pour le patronat, alors qu'avec l'assistance judiciaire, l'ouvrier a les plus grandes facilités pour épuiser tous les degrés de juridiction et venir ainsi à bout de la résistance de son employeur. La plupart du temps, le patron estime qu'il est encore moins onéreux pour lui de verser des indemités, même non justifiées, que de poursuivre en justice un ouvrier simulateur. Cela ne veut nullement dire que la simulation ou l'exagération des conséquences de l'accident n'existent pas, cela signifie simplement que les chefs d'entreprises sont désarmés ou insuffisamment protégés contre ces manœuvres.

Cette déformation de la loi aboutit non seulement à l'augmentation fantastique des charges patronales, signalée notamment par l'arrêt ci-dessus de la Cour de Bordeaux, mais aussi à la démoralisation croissante de la classe ouvrière. Des résultats économiques et sociaux aussi désastreux nécessitent de la part du Parlement l'application urgente de remèdes énergiques.

Dès 1907, M. le député Poisson, écrivait dans son étude sur *la simulation des accidents du travail* :

« Pour l'honneur du corps médical, il faut faire cesser les agissements de ces
« médecins marrons », il faut que le Parlement les mette dans l'impossibilité de con-
« tinuer leur exploitation des industriels qui, si elle demeurait impunie, irait sans
« cesse en progressant et finirait par imposer à l'industrie nationale une charge beau-
« coup plus lourde que celle qui lui est causée par la réparation légitime des accidents
« du travail. »

En 1908, un grand nombre de journaux, parmi lesquels le *Temps*, le *Petit Parisien*, le *Matin*, l'*Echo de Paris*, ont flétri énergiquement les agissements de certains médecins et pharmaciens sous ce rapport ; mais aucune réforme n'a été faite et le mal n'a fait que s'aggraver depuis cette époque.

Nous nous bornerons à citer les extraits suivants de l'article du *Temps* (16 février 1908), qui dévoile les agissements des médecins marrons et prouve leur complicité avec les simulateurs :

« Pour avoir des preuves précises et certaines des agissements des médecins mar-
« rons, qu'il soupçonnait de faire racoler les ouvriers blessés pour exploiter leurs
« patrons, M. Villemin, président de la Chambre Syndicale de la Maçonnerie, a
« employé le moyen suivant, dont il nous a exposé les résultats.

« M. Villemin a choisi deux de ses ouvriers les plus intelligents, jouissant d'une
« santé parfaite.

« Il les a fait visiter par un chirurgien des hôpitaux de Paris, le docteur Lapointe,
« qui, après un examen attentif, leur a délivré deux certificats conçus à peu près iden-
« tiquement dans les termes suivants :

« Je soussigné, André Lapointe, chirurgien des hôpitaux, déclare avoir examiné
« le sieur X... aujourd'hui. »

« Puis il leur a remis à chacun une déclaration d'accident et leur a dit d'aller,
« munis de ces déclarations, chez tel ou tel docteur, et là, de raconter qu'ils ont été
« victimes de tel ou tel accident.

« Ces deux ouvriers ont visité ainsi plusieurs médecins et les détails de ces
« démarches, qui, chaque fois, étaient consignés, immédiatement à leur retour,
« d'après leur récit, sont des plus instructifs.

« Le premier ouvrier, A..., se rend tout d'abord chez le docteur X..., à qui il
« raconte qu'il souffre d'un effort. Voici le récit de cette première visite :

« Le docteur X... est un homme de vingt-six à vingt-huit ans, l'air peu sérieux. Il
« me serre la main, me tape sur le ventre. Après avoir expliqué mon soi disant acci-
« dent, il me dit de rentrer chez moi. « Tu vas payer un verre à ton concierge et lui
« dire de répondre, si on vient te demander, que tu es malade au lit, que ton médecin
« vient te soigner tous les jours chez toi. Si on veut monter, tu diras que ce n'est pas
« la peine, que tu n'ouvriras pas. Tu comprends ? Je suis censé te soigner chez toi tous
« les jours depuis hier au soir. Pas de pharmacien. Je te donnerai ce dont tu auras
« besoin. Dans quinze jours tu reviendras ici, je te ferai visiter par le médecin de l'as-
« surance. »

« Il me demande ensuite si nous avons des copains dans les chantiers. Sur ma
« réponse affirmative, il me dit : « Tu vas tâcher de les voir, tu leur expliqueras la
« façon de tomber (il nous montre comment s'y prendre, en glissant sur le parquet et
« en se relevant de côté) Tu leur diras de prendre une voiture, de se faire reconduire
« chez eux et de n'avoir d'autre médecin que moi. Chaque fois, me dit-il, que tu
« m'amèneras un client, il y aura une pièce comme celle-là pour toi. »

« Et il sort de sa poche une pièce de 5 francs.

« Il ne veut même pas me visiter. Il me dit que ce qu'il veut, c'est d'avoir beaucoup
« de clients qui n'ont rien ; il les reconnaît malades pendant cinq ou six semaines, ne
« leur donne pas de médicaments ; comme cela, il n'a pas d'ennui avec les
« assurances. »

« Et le docteur X... remet à A... le certificat suivant :

« Je soussigné, docteur X... délivre le présent certificat pour être annexé à la
« déclaration d'accident de travail survenu le... à M. A..., au service de M. Villemin,
« accident survenu à 5 h. 1/2 (effort en soulevant une dynamo de 300 kilos à plusieurs,
« ayant déterminé une violente contusion de la région lombaire surtout du gauche et
« de la région de l'aine et de la cuisse gauche) ; ce qui occasionne une incapacité de
« travail de cinq à six semaines, probablement sans suites consécutives. »
....

« Dans une quatrième officine, c'est encore mieux. On fait aux ouvriers des bles-
« sures apparentes pour mieux tromper les médecins d'assurances.

« C'est l'ouvrier A..., qui est allé dans cette clinique, où il s'est plaint de contusion
« à l'épaule. »

« Mon tour vient. Le docteur me fait déshabiller, me regarde à la hâte et me fait
« poser deux ventouses scarifiées à l'épaule gauche.

« Je saigne beaucoup et le docteur me dit un moment qu'il a craint de m'avoir
« coupé une veine, car l'hémorragie est abondante et j'ai des étourdissements. »

« Il me fait un pansement et le reste est fait par un ouvrier en traitement dont la
« propreté laisse fort à désirer.

« Je touche une indemnité de transport, soit 60 centimes, et un certificat sous
« enveloppe m'est remis. Conseil m'est donné de revenir le lendemain matin pour me
« faire soigner.

« Cette fois, sans doute pour le récompenser de s'être laissé poser des ventouses
« scarifiées, l'ouvrier A... reçoit un certificat portant une incapacité de travail
« d'environ trois à quatre mois.

« Quatre jours après on lui pose d'ailleurs de nouvelles ventouses.

« Le docteur me dit qu'il va me faire poser des ventouses sèches, et sur mon
« refus il me dit :

« Ne t'occupe donc pas de ça. Il faut t'en poser pour que le médecin de l'assurance
« qui te visitera voie que tu as des marques ; sans quoi tu ne toucheras pas ton salaire.

« Je suis donc obligé de me faire poser de nouveau six ventouses à tort et à
« travers.

« Ces documents, on le voit, sont concluants et ils ne sont malheureusement pas
« le fait de quelques médecins isolés, car M. Villemin nous met encore sous les yeux
« toute une série d'autres certificats qui prouvent avec quelle facilité les ouvriers
« malintentionnés peuvent se faire octroyer par des médecins complices des semaines
« et des mois de chômage.

« Est-il nécessaire, après cela, de chercher d'autres preuves de la complicité des
« simulateurs et des médecins marrons ?

« Sans qu'il soit besoin de s'y appesantir, l'enquête si adroitement menée par
« M. Villemin montre toute la gravité de la situation. Il est évident que ces actes qui
« lèsent les intérêts du corps médical, imposent aux industriels une charge qui
« devient chaque jour de plus en plus lourde.

« Dans l'intérêt de la loi sur les accidents du travail, dans l'intérêt des ouvriers
« eux-mêmes, il faut trouver les moyens de faire cesser ces agissements des médecins
« marrons et il appartient au législateur de les mettre dans l'impossibilité d'exercer
« leur industrie malfaisante et de compromettre une loi de solidarité sociale par la
« démoralisation constante d'un nombre chaque jour plus grand de médecins et de
« travailleurs. »

Les médecins, auteurs de ces manœuvres, ont été traduits en justice. Mais ils ont
été acquittés et c'est avec une véritable stupéfaction que l'opinion publique a accueilli
un acquittement aussi extraordinaire.

Enfin, dans son numéro du 3 mai 1912, le *Temps,* a rapporté une décision du
tribunal civil de la Seine dans les termes suivants :

« Il y a quatre ans, le président du Syndicat général de garantie du bâtiment,
« M. Villemin, avait déposé une plainte contre un certain nombre d'ouvriers terras-
« siers et de médecins qui se faisaient leurs complices pour simulation d'accidents
« du travail.

« Aucune suite ne fut donnée à cette plainte ; les médecins désignés se retournè-
« rent alors contre M. Villemin et lui intentèrent un procès en dommages-intérêts

« pour le préjudice moral causé et en cent cinquante insertions du jugement à
« intervenir.

« L'affaire est venue hier devant la première chambre du tribunal civil présidée
« par M. Monier, qui a rendu un jugement dont nous détachons les attendus suivants :

.....« Attendu que dans le commencement des années 1907 et 1908, de très
« nombreux cas furent signalés d'ouvriers qui, par des procédés dolosifs et grâce à
« de coupables complaisances, qui se traduisent par des témoignages oraux ou des
« certificats écrits, en étaient arrivés à simuler des accidents, à s'en faire considérer
« faussement comme les victimes et à se faire ensuite remettre par les patrons ou les
« Compagnies d'assurances des indemnités illégitimes ;
« Attendu que le Parquet s'émut, à juste titre, de ces audacieuses entreprises et
« que plusieurs informations s'ensuivirent, que la presse se livra, à cet égard, à une
« campagne de juste réprobation, et que l'opinion en demeura fort longtemps très
« justement impressionnée ; que chacun s'indigna, à bon droit, contre ces ouvriers
« malhonnêtes dont les procédés provoquèrent contre la loi bienfaisante de 1898
« d'injustes critiques, mais que les protestations générales atteignirent au même
« titre, et peut-être plus sévèrement, les tiers coupables qui, en échange de la rému-
« nération que leur valaient leurs fausses assertions écrites ou orales, n'avaient pas
« craint de prêter leur concours à ces machinations et en avaient assuré le succès
« au détriment du monde patronal, des Compagnies d'assurances et de la classe
« ouvrière honnête ;
« Attendu qu'il n'était pas inutile de retracer cet état d'esprit pour apprécier
« judicieusement les incriminations dirigées aujourd'hui contre le Syndicat général
« du bâtiment, qui comptait à cette époque, au nombre des victimes principales de
« ces entreprises de fraude.
« Attendu que c'est avec de telles préoccupations, expliquées et presque
« commandées par les circonstances, que le Syndicat général du bâtiment fut conduit
« à interpréter les faits d'apparence si anormale qu'on lui signala, au lendemain de
« la grève qui se déclara le 18 février 1907, parmi les ouvriers de l'entreprise
« Chagnaud, qui travaillaient sur les chantiers du métropolitain à la construction du
« caisson établi sous la Seine...

« Enfin, après avoir déclaré que le doute scientifique avait bénéficié aux inculpés,
« le Tribunal établit, que Villemin ès qualité n'a commis aucune faute en portant plainte
« contre les médecins auteurs de certificats délivrés aux prétendues victimes
« d'accidents.
« Le Tribunal a, en conséquence, débouté les médecins parisiens du procès intenté
« contre le président du Syndicat général de garantie ».

FRAIS MÉDICAUX ET PHARMACEUTIQUES

Nous aurions aussi beaucoup à dire des frais médicaux et pharmaceutiques qui,
depuis le tarif de 1905, se sont élevés dans des proportions fantastiques et qui imposent
aujourd'hui aux industriels une charge écrasante.

Nous renonçons à passer en revue les nombreuses décisions judiciaires qui sont
intervenues pour réduire les notes de médecins et de pharmaciens. Mais, si la

Commission veut s'éclairer sur ce point, il lui suffira de demander l'avis des médecins experts près les Tribunaux, mieux qualifiés que qui que ce soit pour formuler, à cet égard, une opinion autorisée.

IV

VŒU DE LA CHAMBRE DE COMMERCE DE MARSEILLE

En 1908, la Chambre de commerce de Marseille a émis le vœu que :

« L'ouvrier conservant le libre choix de son médecin, il ne puisse refuser d'en « indiquer le nom au chef de l'entreprise qui pourra faire connaître, à sa convenance, « au médecin traitant, par lettre recommandée, le nom du médecin qu'il désire lui « adjoindre pour suivre le malade et pour procéder, le cas échéant, à toutes visites « contradictoires.

« *A tout moment, au cours du traitement*, le chef d'entreprise pourra désigner un « médecin chargé de le renseigner sur l'état de la victime, *ce médecin pourra se faire* « *présenter les ordonnances prescrites.*

« *A aucun moment, le blessé ne pourra se refuser à être examiné, ni le médecin traitant* « *à procéder avec le médecin de l'entreprise à cet examen.*

« Faute par l'un ou l'autre de se prêter à cette visite contradictoire, le paiement « de l'indemnité journalière sera suspendu par le chef d'entreprise qui en avisera le « juge de paix dans les 24 h. par lettre recommandée.

« En cas de désaccord sur n'importe quel point, le chef d'entreprise peut requérir « du juge de paix une expertise médicale qui devra avoir lieu dans les 48 heures. »

Paris, le 14 mai 1912.

A. LHEURE.

Dans la séance du 20 mai 1912, lecture de la note complémentaire ci-dessus a été donnée à la Chambre syndicale de la Marine qui l'a approuvée à l'unanimité.